Liebe und Akzeptanz

In der Partnerschaft

Arbeitsheft

Maria Anna Bröder

Schriftliche Meditationen für

mehr Klarheit und Freiheit

Impressum

© 2021 Copyright by Maria Anna Bröder
     Am Birbet 5; 83115 Neubeuern
     www.schriftliche-meditationen.de

Herstellung und Verlag: BoD – Books on Demand, Norderstedt

ISBN 978-3-7519-3400-8

Bilder: Freepik.com
          @creativ_hat   @coolvector

Bibliografische Information der Deutschen Nationalbibliothek:

Die Deutsche Nationalbibliothek verzeichnet diese Publikation in der Deutschen Nationalbibliografie; detaillierte bibliografische Daten sind im Internet über http://dnb.d-nb.de abrufbar.

Für meinen geliebten Mann Uwe.

„Liebe sucht nicht nach Liebe,
Liebe sucht nach der Wahrheit.
Wenn Du die Wahrheit findest,
findest Du Liebe.
Vertraue in Liebe,
liebe in Vertrauen.“

Friedrich Hegel

Vorwort

Die Hefte der Reihe „Arbeitshefte: Schriftliche Meditationen für mehr Klarheit und Freiheit" sind im Rahmen meiner Coachings entstanden. Immer, wenn ich einen Klienten mit einem speziellen Thema hatte, stellte ich ihm passende Übungen zusammen, die er ohne mich zu Hause ausfuhren konnte. Der Vorteil ist, dass wir einfach noch ehrlicher zu uns selbst sein können, wenn wir niemandem unser tiefstes Inneres ausschütten müssen. Es hat auch eine andere Qualität, ob wir solche Übungen wirklich schriftlich auf Papier oder nur in Gedanken machen. Sie nur zu überfliegen und zu sagen: „Aha! Verstanden!", wird Dich nie zu dem Punkt bringen wirklich zu begreifen und zu verstehen, was sich unter oder hinter den verschiedenen Schichten Deiner Glaubenssätze, Muster und Gedanken versteckt.

Meine Coachings und diese Arbeitshefte basieren auf meiner Erfahrung, dass ich mit meinen Gedanken meine Realität steuere. Diese Übungen in meinen Heften dienen der aktiven Realitätssteuerung (Reality Creation).

Die Vorstellung, dass wir nur durch unsere innere Einstellung und unser damit verbundenes Auftreten ein Bewerbungsgespräch positiv beeinflussen können, dürfte für jeden klar und annehmbar sein. Durch die bewusste Programmierung unserer Überzeugungen unser Einkommen um 50% zu steigern, ist für einige dann schon schwieriger zu glauben. Und doch funktioniert es!

Das einzige, was uns davon abhält etwas zu erreichen, ist der Glaube, dass es unmöglich ist. Unbewusst erschaffen wir uns tagtäglich Situationen, die uns auch noch beweisen, dass es stimmt, was wir glauben. Je größer uns der Wunsch erscheint, umso größer erschaffen wir unsere eigenen Widerstände.

Wir sind in erster Linie geistige Wesen und die Erde ist unser Spielplatz um zu lernen. Du bist das, was Du denkst/glaubst. Deine Realität ist das, was Du von ihr denkst und glaubst. Wenn Du das, was Du denkst/glaubst aktiv und bewusst veränderst, kannst Du Deine Realität aktiv und bewusst verändern.

Somit ist der Schlüssel zum Erfolg Dir erst einmal bewusst zu machen, was Du denkst/glaubst und wovon DU (oft unbewusst) überzeugt bist.

Diese Heftreihe ist dafür da, Dir dabei zu helfen, diese Mechanismen zu offenbaren. Eine Entdeckungsreise durch die Knoten Deiner Glaubenssysteme und -muster. Es ist aber auch ein Hilfsmittel und ein Werkzeug.

Erforsche, wo Du Dich begrenzt und übernimm die Verantwortung dafür. Mache Dir bewusst, WAS Du glaubst/denkst, WARUM Du das glaubst und ob Du es weiter glauben möchtest. Du kannst Deine geistigen Begrenzungen finden und Deine Komfortzone erweitern. Mache Dein Leben zu einem Spielplatz.

Setz Dich einfach hin und fang an. Verändere Deine Welt, programmiere Dich neu und genieße das Leben. Hab Spaß und Freude daran. Denn wie bereits Frederic Dodson sagte, das erwartet Dich:

„Noch mehr Spaß und noch mehr Freude"

Einleitung für

„Liebe und Akzeptanz in der Partnerschaft"

Menschen, die wir lieben, oder die uns sehr nahestehen, können uns am meisten verletzen. Da uns diese Menschen so wichtig sind, legen wir jedes Wort, jede noch so kleine Reaktion auf die Goldwaage. Wir reagieren überempfindlich, einfach weil uns dieser Mensch etwas bedeutet. Hinterfrage ich aber meine eigene Reaktion, habe ich die Möglichkeit, mir tiefere Verletzungen, Muster oder Gewohnheiten ins Bewusstsein zu holen, zu erkennen und somit aufzulösen. Ich mache mir bewusst, wie und warum reagiere ich auf diese Weise und auf was reagiere ich (verletzt, gekränkt, vernachlässigt etc.). Somit kann ich wachsen und von mir selbst lernen. Ich kann neutral auf das Verhalten meines Partners blicken, objektiv und ohne überschäumende Emotionen auf ihn/sie reagieren, und somit verhindern, dass neue Stresssituationen und unnötige Konflikte in der Beziehung entstehen.

Dazu muss ich bei mir selbst beginnen. Nicht der Vorwurf: „Du benimmst Dich albern!", sondern die Frage: „Warum stört mich das so!" bringt mich weiter. „Mein Partner ist untreu!" ist eine Wand. „Wovor habe ich Angst!" ist ein Weg. „Hör damit auf!" ist ein Angriff. „Warum fühle ich mich missverstanden und ungeliebt?" ein Knoten den ich lösen kann.

Von dieser neuen Ebene aus, kann ich viel klarer in ein Gespräch gehen und Lösungsvorschläge statt Angriff bieten. Wenn ich mir selbst absolut klar bin, was ich will und warum, kann ich meinem Partner helfen mich zu verstehen und die Partnerschaft/Beziehung kann wachsen und reifen.

Aus einem Streit, kann so ein gemeinsames Erforschen und Entdecken werden, ohne beleidigend oder verletzend zu diskutieren.

Auf dieser Ebene hat man dann sogar die Möglichkeit gemeinsam zu entscheiden, ob eine Partnerschaft/Zusammenarbeit/gemeinsame Zukunft noch Sinn macht. Oder ob man lieber sachlich über eine Trennung und Aufhebung der Beziehung nachdenken sollte.

Wenn die Muster, Masken, Traumen und Triggerpunkte klar aufgedeckt und gegenseitig akzeptiert und erkannt sind, kann die tiefe wahre Liebe oder Freundschaft richtig und weitaus besser wachsen, als es auf einer unbewussten Ebene je möglich gewesen wäre.

Folgende Übungen können in jeder „Partnerschaft" angewandt werden. Nicht nur das verheiratete Pärchen, sondern auch mit der besten Freundin oder dem Arbeitskollegen, mit dem ich täglich zu tun habe, habe ich eine spezielle Art von Beziehung oder eine Partnerschaft. Wenn es immer wieder zu Diskussionen, Streit oder Missverständnissen kommt, macht es Sinn, sich darüber Gedanken zu machen, an was es liegen könnte.

Natürlich kannst Du dieses Heft nur für Dich alleine durcharbeiten. Mehr Sinn würde es allerdings machen, wenn auch Dein Partner/Deine Partnerin eines hätte. In diesem Heft kommt nämlich der Punkt, an dem Du Dich mit Deinem Partner/Deiner Partnerin austauschen musst.

Wann Du das tust, ist natürlich Deine Entscheidung.

Arbeitsanweisung:

Schriftliche Meditationen für mehr Klarheit und Freiheit.

Sorge dafür, dass Du Ruhe hast und Dich niemand stört, so lange Du Deine Übungen machst.

Bewahre Deine Arbeitshefte an einem Ort auf, an denen sie vor Augen anderer sicher sind. Du musst bei der Bearbeitung der Übungen zu 200% ehrlich sein können und nicht ständig daran denken müssen: „Hoffentlich liest das keiner!"

Versuche bei den schriftlichen Übungen spontan zu antworten. Bleibe erst einmal wertfrei und neugierig. Einfach schreiben!

Lass keine Übung aus.

Wenn Du mit einem Heft durch bist, verschließe es. (Ich verklebe meine sogar mit Klebeband) und lege es zur Seite.

Lass los!

Das ist ein wichtiger Teil der Arbeit. Du musst nun nicht mehr daran denken und darfst sogar vergessen, dass Du darin gearbeitet hast und mit welchen Themen, Wünsche oder Ziele Du Dich beschäftigt hast.

Falls Du ein ähnliches oder anderes Thema bearbeiten möchtest, besorge Dir ein neues Heft und fange darin ganz von vorne an.

Ich wünsche Dir viel Erfolg!

Bestandsaufnahme

Denke an eine aktuelle Situation, in der es mit Deinem Partner/Deiner Partnerin zu Streit, Meinungsverschiedenheiten oder Unstimmigkeiten gekommen ist.

Eine Situation, die Dich nachhaltig belastet und die auf dieselbe oder ähnliche Art und Weise immer wieder vorkommt.

In welcher Situation hättest Du gerne eine andere, als die für Deinen Partner/Deine Partnerin typische Reaktion?

(P. S. Niemand wird diese Zeilen lesen. Alles, was Du hier aufschreibst, ist nur für Deine Augen bestimmt. So kannst Du deine Gedanken klarer sehen und strukturierter betrachten.)

Meditation

Entspanne Dich und gehe in Gedanken die eben beschriebene Situation nochmal durch. Lass sie wie einen Film genauso vor Deinem geistigen Auge ablaufen, wie sie stattgefunden hat. Beobachte Deinen Partner/Deine Partnerin. Achte auf seine/ihre Körpersprache, seinen/ihren Blick bzw. Gesichtsausdruck.

Achte auf den Moment, wo Deine Stimmung kippt. Was genau war der Auslöser? Was hat Dich getroffen? Was hat Dich verletzt, genervt oder gestört?

Beobachte Dich selbst und verfolge wie in einem Film Euren Streit, Eure Meinungsverschiedenheit, Eure Diskussion.

Was genau war der Auslöser, dass aus einer normalen Alltagsszene, eine
Situation wurde, in der Du Dich von Deinem Partner/Deiner Partnerin ent-
fernt hast. Was hat Dich getroffen? Was hat Dich verletzt, genervt oder
gestört?

Welche Gefühle wurden in dieser Situation, durch die Verhaltensweisen
Deines Partners/Deiner Partnerin in Dir ausgelöst?

Wie reagierst Du darauf? Beschreibe genau DEINE Reaktion auf das Ge-
sagte oder Getane Deines Partners/Deine Partnerin:

Wie reagiert er/sie wiederum auf Dich? Bzw. Was löst Deine Re-Aktion
bei Deinem Partner aus?

Meditation

Stell Dir vor, Dein Partner/Deine Partnerin sitzt Dir gegenüber und Ihr unterhaltet Euch über das, was passiert ist.

Das Gespräch läuft komplett sachlich, ja fast emotionslos ab. Erkläre Deinem Partner/Deiner Partnerin vor Deinem geistigen Auge, was Du von ihm/ihr brauchst, bzw. gerne hättest, WAS Dich stört.

Wie in einem Geschäftsmeeting erörterst Du einen Punkt nach dem anderen.

(Dieses Gespräch findet vorerst wirklich nur in Deinem Kopf statt.)

Schreib auf, wie der Dialog ungefähr verlaufen könnte/würde:

Zusammenfassung

Um was genau geht es Dir?

Zu welcher Schlussfolgerung bist Du nach diesem „Gespräch" gekommen? Brauchst Du mehr Lob? Anerkennung? Freiraum? Unterstützung?

Nenne hier Dein höheres Ziel Deiner Forderungen an Deinen Partner:

Meditation

Versuche das gewünschte Gefühl aktiv in Deinem Inneren herzustellen, es zu verstärken und eventuell zu lokalisieren.

Kannst Du es bewusst erzeugen?

Übe Dich darin, ohne Anstoß von außen das von Dir gewünschte Gefühl zu erzeugen. *(Fühle Dich, unabhängig von Deinem Partner, in Sicherheit. Erzeuge aktiv und selbstständig das Gefühl der Geborgenheit in Dir. Bestätige Dir selbst, was für ein wundervoller Mensch Du bist.)*

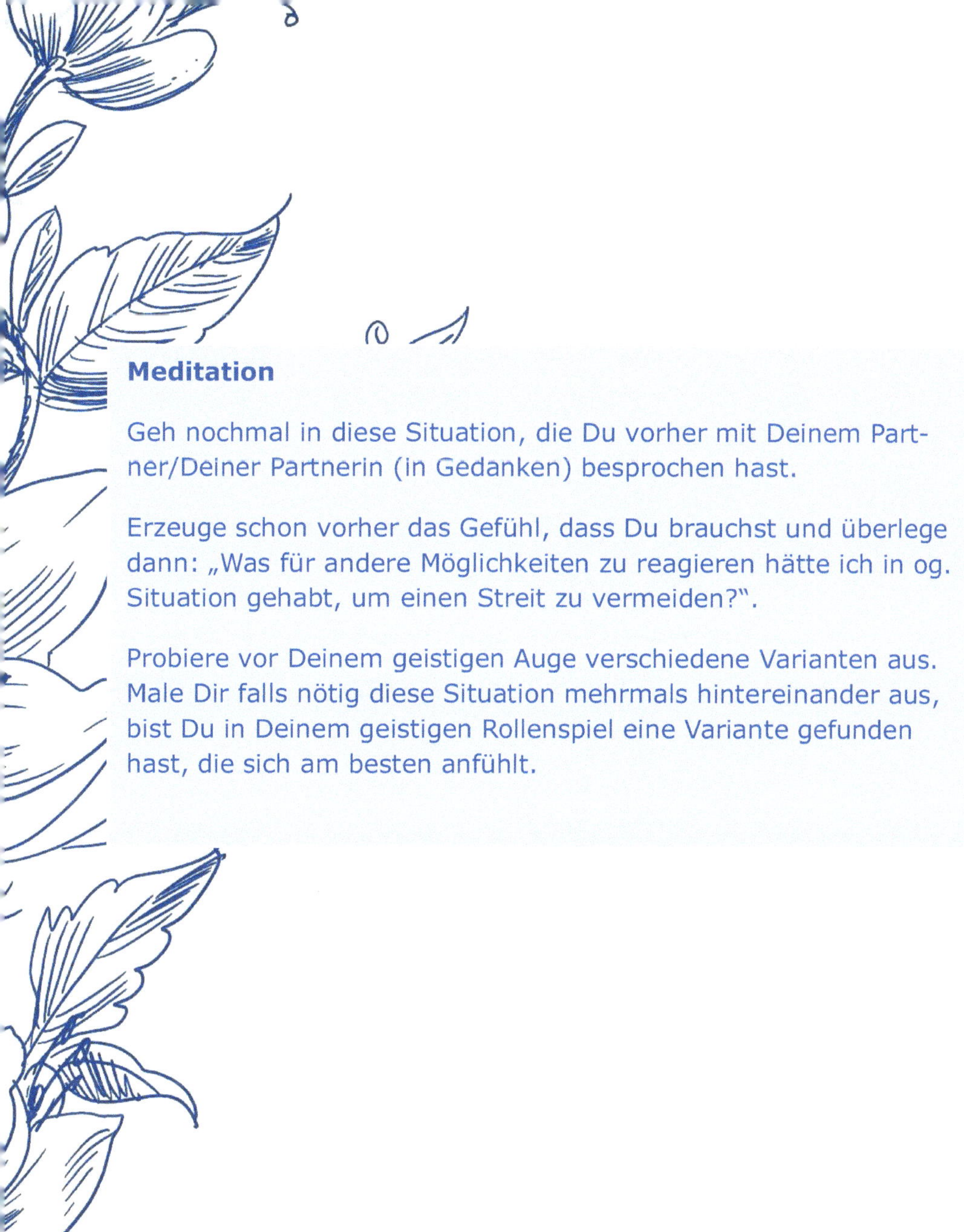

Meditation

Geh nochmal in diese Situation, die Du vorher mit Deinem Partner/Deiner Partnerin (in Gedanken) besprochen hast.

Erzeuge schon vorher das Gefühl, dass Du brauchst und überlege dann: „Was für andere Möglichkeiten zu reagieren hätte ich in og. Situation gehabt, um einen Streit zu vermeiden?".

Probiere vor Deinem geistigen Auge verschiedene Varianten aus. Male Dir falls nötig diese Situation mehrmals hintereinander aus, bist Du in Deinem geistigen Rollenspiel eine Variante gefunden hast, die sich am besten anfühlt.

Erkenntnis

Was hast Du sonst entdeckt?

Ist Dir irgendetwas bewusst geworden, was Dir vorher nicht wirklich bewusst war?

Worst Case

Mit Blick auf die Situation, die Du hier bearbeitest:

Was würde passieren, wenn Ihr Euch nicht einigen könntet? Wenn Ihr keine Lösung, bei der sich jeder wohlfühlt, findet? Wenn es das nächste Mal wieder genau so ist wie immer? Wenn es das nächste Mal vielleicht noch viel schlimmer ist?

Wovor hast Du Angst? Warum? Was genau versuchst Du zu vermeiden?

Meditation

Schau genau hin. Male Dir in allen Einzelheiten aus, was passieren würde, wenn Deine schlimmste Befürchtung eintritt. Spüre die Angst, Deine Verzweiflung, Wut oder die Panik.

Wo spürst Du sie im Körper? Was spürst Du? Atme bewusst und bleibe trotzdem entspannt. Nimm die Angst und die Panik in Dir auf und akzeptiere sie. (Das Gegenteil von Verdrängen!)

Atme ruhig und entspannt, bis Du den Worst-Case annehmen kannst.

Bleib solange, bis zumindest ein kleiner Teil in Dir sagen kann: *„OK, wenn es sein muss, dann bin ich bereit auch das an zu nehmen! Dann geht das Leben trotzdem weiter. Ich weiß, ich schaffe auch das."*

Atme weiter ruhig und entspannt. Wenn Du es geschafft hast, zumindest einen kleinen Funken Deiner größten Angst akzeptieren zu können, dann geh in das Gegenteil.

Was möchtest Du fühlen? Erzeuge in Dir ein Gefühl der Wärme und Liebe. Erschaffe bewusst Geborgenheit und Sicherheit, bis Du es bis in die Fingerspitzen spüren kannst. Erfülle Dich mit reiner Freude und Euphorie.

Aufgabe

Mach Dir einen schönen Tag. Gönn Dir eine Auszeit.

Egal was.

Spür in Dich rein.

Was würde Dir jetzt so richtig guttun?

Finde etwas, das so richtig Deine Akkus auflädt und setz es um.

Genau das machst Du heute!

Planung

Nenne mindestens 10 Wünsche, Ziele und Absichten, die Du in Deinem Leben erreichen, bzw. erleben möchtest.

Egal ob große oder kleine Wünsche. Wichtig oder unwichtig. Niemand wird diese Liste lesen. (Vorerst auch nicht Dein Partner) Hier geht es nur um Dich. Schreibe ohne Urteil. Bring Deinen inneren Kritiker zum Schweigen und leg los:

Schau Dir Deine
Sammlung von Wün-
schen, Zielen, Träu-
men und Absichten
an.

Gibt es Gemeinsam-
keiten?

Markiere Wünsche,
Ziele und Absichten,
die sich ergänzen o-
der aufeinander auf-
bauen, mit der glei-
chen Farbe

Ordne Deine Wünsche, Ziele und Absichten von „am leichtesten zu erreichen" bis „kaum zu schaffen/unmöglich"

1. . . . .
. . . .

2. . . . .
. . . .

3. . . . .
. . . .

4. . . . .
. . . .

5. . . . .
. . . .

6. . . . .
. . . .

7. . . . .
. . . .

8. . . . .
. . . .

9. . . . .
. . . .

10. . . . .
. . . .

Bewertung

Gehe Deine Ziele, Wünsche und Absichten noch einmal alle durch und bewerte sie.

Gib ihnen Noten

Von

1 = „Muss ich unbedingt haben, nur dann kann ich glücklich sein/werden!"

Bis

5 = „Wäre ganz nett, muss aber nicht unbedingt sein!"

Meditation:

Nimm einen Wunsch mit der Note 1 oder 2 und visualisiere ihn, so als ob Du ihn bereits erreicht hättest.

Wie fühlst Du Dich, wenn es bereits so ist?

Wie ziehst Du Dich an? Wie verhältst Du Dich? Wo gehst Du hin? Wie verbringst Du Deine Freizeit? Welche Menschen triffst Du, wenn dieser „Muss-ich-unbedingt-haben-Wunsch" Realität ist?

Wie reagierst Du auf andere Menschen, wenn Du diesen Wunsch bereits realisiert hast?

Wie würdest Du auf Deinen Partner reagieren, wenn dieses Ziel bereits ein Teil Deines Alltags ist?

Übe in Deinem geistigen Rollenspiel, Dein neues ICH, Deine neue Rolle.

Spiele Deine Rolle vor Deinem geistigen Auge so lange durch, bis es sich vollkommen normal anfühlt.

Die Vorstellung, dass sich dieser Wunsch, dieses Ziel bereits verwirklicht hat, muss genauso leicht zu visualisieren sein, wie sich die Zähne zu putzen.

Du schaffst es nicht sofort?

Dann übe diese Rolle täglich weiter.

Du kannst auch „So-Tun-Als-Ob". Zieh Dich so an, wie Du Dich anziehen würdest, wenn Du Dein Ziel bereits erreicht hättest. Reagiere auf Deinen Partner/Deine Partnerin so, als ob Dein Note-1-Wunsch bereits Realität wäre. Mach Dir Dein Frühstück so, wie Du es Dir in Deinem Traum ausmalen würdest.

Sei kreativ und verwende jede noch so kleine Möglichkeit, aus Deiner zukünftigen Rolle heraus zu reagieren.

Welche Ziele hat Dein Partner/Deine Partnerin?

Frag ihn/sie ganz einfach danach!

Versuche in einer Situation, in der es Euch gut geht, Ihr gerade entspannt und zufrieden seid, dieser Frage auf den Grund zu gehen.

Achte darauf, dass Du ihn/sie für ihre/seine Wünsche nicht verurteilst. Deine Meinung zu den Wünschen, Sehnsüchten und Zielen Deines Partners/Deiner Partnerin sind vorerst nicht gefragt. Versuche ihm/ihr komplett urteilsfrei zu zuhören.

Alternativ könntest Du natürlich auch wieder einen Dialog mit Deinem Partner/Deiner Partnerin in Deinen Gedanken führen.

Ich finde es aber wesentlich effektiver, wirklich nach zu fragen.

Was gibt es wichtigeres, als dass beide Teile einer Partnerschaft glücklich sind?

Zum Glücklich sein, gehört auch das Verwirklichen Eurer Wünsche und Ziele.

Wenn keiner die tiefsten Wünsche und Sehnsüchte des anderen weiß, wie wollt Ihr ZUSAMMEN glücklich werden?

Natürlich gibt es auch Ziele und Absichten, die einem vielleicht peinlich sind. Oder man Angst hat, dass der/die andere dafür kein Verständnis hat.

Aber was gibt es besseres, als sich jetzt zu öffnen und alles auf den Tisch zu packen.

Ihr könnt nur gewinnen.

Wünsche, Ziele und Absichten Deines Partners/Deine Partnerin:

Bewertung

Lass auch Deinen Partner/Deine Partnerin seine Ziele bewerten.

Von

Note 1 = „Muss ich unbedingt haben, nur dann kann ich glücklich sein/werden!"

Bis

Note 5 = „Wäre ganz nett, muss aber nicht unbedingt sein!"

1. Gemeinsame Ziele:

Welche Ziele arbeiten gegeneinander oder sind gemeinsam nicht umzu-
setzen? Welche Deiner Ziele hindern Deinen Partner/Deine Partnerin am
erreichen Ihrer Ziele und umgekehrt?

2. Getrennte Ziele

Gegenüberstellung

Welche Ziele Deines Partners/Deiner Partnerin sind für Dich ok, welche sind ein No-Go?

Beispiel 1

Deine Partner/Deine Partnerin wünscht sich eine Weltreise.

Du möchtest das auf keinen Fall.

Ist es für Dich in Ordnung, wenn er/sie die Weltreise ohne Dich macht?

Unter welchen Bedingungen ist es in Ordnung? Unter welchen nicht?

Warum?

Beispiel 2

Dein Partner/Deine Partnerin wünscht sich einen Hund.

Du möchtest keinen.

Ist es für Dich in Ordnung, wenn er/sie sich trotzdem einen Hund anschafft?

Warum?

3. Ziele/Wünsche meines Partners/meiner Partnerin, die für mich in Ordnung sind?   Warum?

. . . .
. . . .
. . . .
. . . .
. . . .
. . . .
. . . .
. . . .
. . . .
. . . .
. . . .

4. Ziele/Wünsche meines Partners/meiner Partnerin, die für mich NICHT in Ordnung sind?   Warum?

. . . .
. . . .
. . . .
. . . .
. . . .
. . . .
. . . .
. . . .
. . . .
. . . .
. . . .
. . . .

5. Ziele und Träume von mir, die für meinen Partner/meine Partnerin, in
Ordnung sind.   Warum?

. . . .
. . . .
. . . .
. . . .
. . . .
. . . .
. . . .
. . . .
. . . .
. . . .
. . . .
. . . .

6. Ziele von mir, die für meinen Partner/meine Partnerin NICHT in Ordnung sind.   Warum?

. . . .
. . . .
. . . .
. . . .
. . . .
. . . .
. . . .
. . . .
. . . .
. . . .
. . . .
. . . .

7. Ziele, die Du nur mit Deinem Partner/Deiner Partnerin gemeinsam erreichen möchtest.

Ziele, die nur mit ihm/ihr zusammen einen Wert für Dich haben.

Ziele die Du erreichen möchtest, die aber nur zusammen mit Deinem
Partner/Deiner Partnerin erreicht werden können.

Résumé

Welche Ziele habt Ihr bis heute bereits gemeinsam erreicht?

. . . .
. . . .
. . . .
. . . .
. . . .
. . . .
. . . .
. . . .
. . . .
. . . .

Welche Eurer gemeinsamen Erfolge haben Dich am meisten beein-
druckt?

. . . .
. . . .
. . . .
. . . .
. . . .
. . . .
. . . .
. . . .
. . . .

Was hat Dir dabei am meisten Spaß gemacht?

Worauf bist Du im Hinblick auf Eure gemeinsam erreichten Ziele stolz?

Was macht diese Partnerschaft für Dich wertvoll?

Auf welches Ritual, Gefühl, Gemeinsamkeit in Deiner Partnerschaft
möchtest Du auf keinen Fall verzichten?

. . . .
. . . .
. . . .
. . . .
. . . .
. . . .
. . . .
. . . .
. . . .

Was würde Dir an Deinem Partner/Deiner Partnerin am meisten fehlen?

. . . .
. . . .
. . . .
. . . .
. . . .
. . . .
. . . .
. . . .
. . . .

Überblick

Gehe die Sammlungen der verschiedenen Ziele noch einmal langsam
durch.

Wie viele und welche Deiner Note-1-Ziele („Muss ich unbedingt haben,
sonst kann ich nicht glücklich sein/werden!") stehen in der Spalte:

6. Ziele von mir, die für meinen Partner/meine Partnerin NICHT in Ordnung sind?

. . . .
. . . .
. . . .
. . . .
. . . .
. . . .

Wie viele ihrer/seiner Note-1-Ziele („Muss er/sie unbedingt haben, nur
dann kann er/sie glücklich werden/sein!") stehen in der Spalte:

4. Ziele/Wünsche meines Partners/meine Partnerin, die für mich NICHT
in Ordnung sind?

. . . .
. . . .
. . . .
. . . .
. . . .
. . . .
. . . .
. . . .

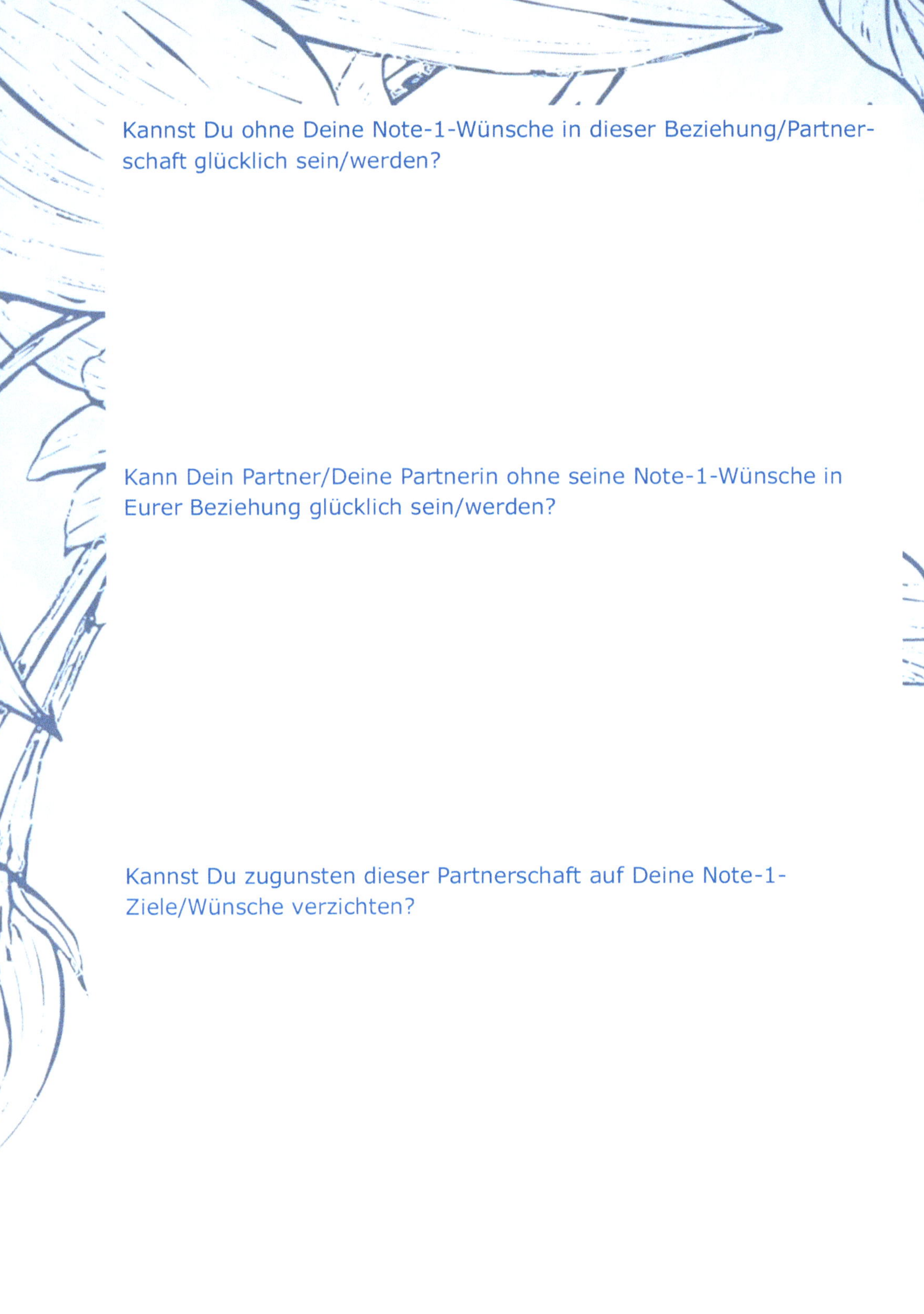

Kannst Du ohne Deine Note-1-Wünsche in dieser Beziehung/Partner-
schaft glücklich sein/werden?

Kann Dein Partner/Deine Partnerin ohne seine Note-1-Wünsche in
Eurer Beziehung glücklich sein/werden?

Kannst Du zugunsten dieser Partnerschaft auf Deine Note-1-
Ziele/Wünsche verzichten?

Wie sehr würdest Du leiden, wenn Du jetzt und hier zugunsten dieser Partnerschaft auf og. Note-1-Wünsche verzichtest?

Auf welche Note-1-Wünsche könntest Du zugunsten der Partnerschaft verzichten oder noch auf ihre Umsetzung/Erfüllung warten?

Gibt es ein Zeitfenster, in dem Du Deine Note-1-Ziele erreicht haben musst? Wenn ja, wie sieht das Zeitfenster aus?

Wie fühlst Du Dich jetzt?

Hat sich etwas „gelöst"? Fühlst Du Dich komplett befreit?

Ist Dir etwas bewusst geworden, was Dir vorher nicht bewusst war?

Zu welcher Schlussfolgerung bist Du/seid Ihr gekommen?
Wie geht´s weiter?

Schlusswort

Wenn Du und Dein Partner/Deine Partnerin gemeinsam dieses Heft durchgearbeitet habt, zählt jetzt nur, was am Ende dabei herausgekommen ist.

Welche Lösung(en) habt Ihr gefunden? Wie sieht Eure weitere Planung aus? Schlussendlich ist es das, was über den Wert und die Zukunft Eurer Beziehung und Eurer Partnerschaft entscheidet.

Mein Mann und ich haben nach solch einer Arbeit immer eine noch tiefere Verbundenheit gespürt als vorher. Jede Diskussion, jeder Streit war immer ein reinigendes Gewitter. Es war nicht immer schön, es war manchmal ziemlich hässlich und laut. Wenn aber die emotionalen Wogen geglättet waren und jeder klar formulieren konnte, was eigentlich hinter der unerwarteten Reaktion, hinter dem verwehren eines tiefen Wunsches, hinter der Wut oder den Tränen stand, konnte man sachlich nach Lösungen und Kompromissen suchen.

Und nicht nur einmal haben wir überlegt, ob wir wirklich noch zusammenbleiben wollen. Es gab einige Male, wo wir auf der Suche nach einem Kompromiss beinahe aufgegeben hätten.

Und nach vielem Graben und Suchen fand sich doch immer Licht am Ende des Tunnels und die Lösung machte die Beziehung schöner, wärmer und tiefer als vorher.

Das wichtigste war aber, dass wir alle Entscheidungen, sachlich, mit viel Reden, und auch mit Stift und Papier, gemeinsam getroffen haben. So dass am Ende doch immer unsere Liebe zueinander stärker war, als jeder gekränkte Stolz oder ein vermeintlicher Note-1-Wunsch, den man halt noch ein paar Monate oder Jahre hintenanstellen musste.

Nun sind es 22 Jahre Ehe und vier große Kinder gemeinsam gestemmt haben. Wir haben eine tiefe und wahre Liebe zueinander entwickelt, die

Liebhaber/Affären und Reisen des jeweils anderen ohne Misstrauen, Eifersucht und Verlustangst ermöglicht.

Wir leben eine Verbundenheit, dass wir immer noch mit Begeisterung an gemeinsamen Zielen arbeiten, und der andere seine Note-1-Ziele ausleben kann, mit denen der Partner noch vor 10 Jahren nicht klargekommen wäre.

Ich möchte Euch Mut machen nicht aufzugeben.

Verletzungen und Triggerpunkte, die Du in dieser Partnerschaft nicht auflöst, nimmst Du in die nächste Beziehung mit. Also lieber gleich aufräumen und dann überlegen, wie es weitergehen soll!

Literaturverzeichnis, weiterführende Bücher, Quellen:

- Frederic E. Dodson: sämtliche Bücher von ihm zum Thema Reality-Creation

- Steve Andreas u. Charles Faulkner: Praxiskurs NLP

- Harry Palmer: Resurfacing

- Moritz Boerner: Byron Katies The Work

- Cathrine Ponder: Die Dynamischen Gesetze des Reichtums